AF297492

LA CINQUANTAINE

DRAMATIQUE

DE M. DE VOLTAIRE,

SUIVIE DE L'INAUGURATION DE SA STATUE,

INTERMEDE

En un Acte, orné de Chants & de Danses.

PAR L'AUTEUR DU POEME DU LUXE.

Prix, 1 liv. 4 sous.

AUX FOSSEZ;

Et se trouve à Paris,

Chez {
DURAND, Libraire, rue Galande;
DESPILLY, Libraire, rue S. Jacques.
}

M. DCC. LXXIV.

ACTEURS.

DES FOSSEZ, pere.	M. *Brizard.*
Mlle. DES FOSSEZ.	Mlle. *Rocour.*
DES FOSSEZ, fils.	M. *le Kain.*
LE CHEVALIER.	M. *Molé.*
ARAMINTE.	Mlle. *Fannier.*
CÉLIANTE.	Mlle. *Hus.*
DAMON.	M. *Belcourt.*
UN GARÇON SCULPTEUR.	M. *Préville.*
PLUSIEURS DO-MESTIQUES.	

La Scene est par-tout, excepté à la Comédie.

AVERTISSEMENT.

CE n'eſt point une baſſe flatterie qui m'a dicté cette Proſe, ni ces Vers. C'eſt l'admiration d'un homme de Lettres pour ſon Confrere ; la reconnoiſſance d'un Eleve pour ſon Maître ; & la tendreſſe d'un Ami pour ſon Ami. Il eſt vrai que je porte l'amitié (*a*) à l'excès, ainſi que la ſenſibilité, je l'avoue : je ne puis me corriger de ces deux défauts. Mais finiſſons, crainte d'irriter encore plus les ſerpents, toujours éveillés, de la crapuleuſe envie.

J'ai eu l'audace de crayonner la *Cinquantaine* du plus grand homme qui ait jamais exiſté ; j'aurai le front de célébrer ſa *Centénaire*, lui vivant ; & déjà j'entends tous les honnêtes gens qui crient, AINSI SOIT-IL.

(*a*) Il y a un goût dans la pure amitié où ne peuvent atteindre ceux qui ſont nés médiocres. *La Bruyere.*

AVERTISSEMENT.

Il me semble que je dois dire quelque chose de la *Cinquantaine* ; c'est une cérémonie qui se célebre entre deux époux, au bout de cinquante ans de mariage ; on a adopté cette dénomination pour tous les événements heureux. Nous avons fait la *Cinquantaine* du regne de notre Monarque, surnommé, à si juste titre, Louis *le Bien-Aimé*. J'ai donc cru qu'il me seroit permis de l'adapter à mon sujet ; & comme il y a différentes *Cinquantaines*, j'ai ajouté le mot de *Dramatique*.

Je ne sais comment le Public recevra *la Cinquantaine* ; mais, dans peu, je lui promets *la Quarantaine*.

LA
CINQUANTAINE
DRAMATIQUE.

Le Théâtre doit repréſenter un Sallon.

SCENE PREMIERE.

LE CHEVALIER, *aſſis devant une table, lit.*

ŒUVRES de M. DE VOLTAIRE, nouvelle Édition, À GENEVE. [*Réfléchit.*] Jamais Auteur n'a reçu tant de fois les honneurs typographiques. Il le mérite bien, en tout cas; c'eſt un homme qui honore ſon ſiecle, & la nature eſt avare de ces génies pareils. Belle impreſſion, deſſins ſuperbes, gravures magnifiques, tout eſt digne de l'ouvrage. [*Lit.*] MARIAMNE,

A

2 LA CINQUANTAINE,

Tragédie, représentée pour la premiere fois en 1723. [*Réfléchit.*] Bon ! Si l'Arithmétique est une science certaine, il y a donc cinquante ans que M. DE VOLTAIRE a entré dans la carriere du Théâtre. [*Avec feu.*] Quelle idée heureuse ! Oui. Non. Si fait. La joie me transporte. Par conséquent je vais l'intituler : *LA CINQUANTAINE DRAMATIQUE*, [*Il écrit.*] Intermede, orné de chants & de danses. Je ne me sens pas d'aise.... [*Il se leve & s'assied.*] Les Acteurs seront mon Pere, ma Sœur, mon Frere, moi, la Marquise d'Antremont, Céliante & Damon. Quant aux Danseurs & Danseuses, ce sera nos voisins, nos voisines. Quelle gloire pour moi ! [*Il écrit.*]

SCENE II.

DES FOSSEZ fils, LE CHEVALIER.

DES FOSSEZ, *à part.*

JE gagerois bien que le Chevalier examine la nouvelle Edition des Œuvres de M. de Voltaire. Avançons.

LE CHEVALIER.

Revisons mon plan, & corrigeons-le. Dans la premiere Scene, c'est moi seul qui parle ; dans la seconde, mon frere & moi, les deux suivantes en blanc.... [*Il écrit.*]

DES FOSSEZ, *à part.*

J'avois deviné juste ; mais que diable fait-il là ?

LE CHEVALIER.

Mon Pere ouvrira la cinquieme Scene ; & la
sixieme, la Marquise d'Autremont. La septieme
& huitieme en blanc. Dans la neuvieme paroî-
tra Damon ; dans la dixieme Céliante ; & dans
la derniere on dansera. [*Il écrit.*]

DES FOSSEZ, *à part.*

Il parle de danser, je pense ? C'est le lot de
son âge. [*Il s'avance.*]

LE CHEVALIER.

Nous ferons des impromptus ; nous dirons
des bons mots ; nous reciterons de la prose ;
nous déclamerons des vers ; & nous chanterons
des couplets.

DES FOSSEZ, *bas.*

De la prose, des vers, des bons mots, des
impromptus, des couplets! Eclaircissons-nous.
[*Haut.*] Chevalier, puis-je te demander si tu
fais des impromptus ?

LE CHEVALIER, *écrivant.*

Ah! c'est toi, mon Frere ? Comment te
portes-tu depuis ce matin ?

DES FOSSEZ.

A merveille, mon Frere ; & toi, toujours
dans la lecture, & dans la lecture des ouvrages
de Voltaire : tu ne peux le quitter ; c'est ton
foible, Chevalier.

LE CHEVALIER.

En tout cas, c'est un foible qui me fait honneur, & dont même je tire de la gloire ; mais,
pour le moment, je composois.

DES FOSSEZ.

Tu composois ? Faisois-tu des notes ? Veux-
tu être son commentateur ?

LA CINQUANTAINE,

Le Chevalier.

Point du tout. Je travaillois à certaine baga-
telle en son honneur. Mais félicite-moi d'a-
bord. La plus heureuse idée !... L'entreprise la
plus belle !... Le travail le plus glorieux !... Enfin félicite-moi.

Des Fossez.

Puisque tu le veux, Chevalier, je te félicite
donc ; mais encore faut-il que je sache pourquoi. Cette idée heureuse, quelle est-elle ?

Le Chevalier.

Tout à l'heure, tu vas la savoir ; tu vas être
content : tiens, lis.

Des Fossez, *lisant.*

MARIAMNE, Tragédie, représentée pour la
premiere fois en 1723.

Le Chevalier.

Fort bien. En quelle année sommes-nous ?
En 1773, que je pense.

Des Fossez.

Je le pense aussi. Après ?

Le Chevalier.

Il y a donc cinquante ans que M. de Voltaire est entré dans la carriere épineuse du
Théâtre.

Des Fossez.

Je te comprends, Chevalier : cette idée heureuse est d'avoir imaginé la Cinquantaine Dramatique de notre Sophocle, n'est-ce pas ?

Le Chevalier.

Oui, mon Frere, vous avez, dès l'abord,
deviné l'énigme ; voilà tout.

DES FOSSEZ.

On ne peut que vous louer sur une pareille entreprise.

LE CHEVALIER.

Je le crois bien.

DES FOSSEZ.

Mais elle est vétilleuse?

LE CHEVALIER.

Je ne dis point le contraire.

DES FOSSEZ.

La touche est délicate non moins que difficile?

LE CHEVALIER.

J'en tombe d'accord.

DES FOSSEZ.

Tu auras bien des gens contre toi.

LE CHEVALIER.

Cela m'est égal, je suis bon pour me défendre : d'ailleurs tu le sais comme moi, mon Frere;

A vaincre sans péril on triomphe sans gloire.

Je suis certain toujours d'avoir les honnêtes gens de mon côté.

DES FOSSEZ.

Eh! ne comptez-vous cela pour rien ?

LE CHEVALIER.

Au contraire, cela me suffit. Là-dessus je pense, à-peu-près, comme Horace,

DES FOSSEZ.

On ne peut disconvenir, Chevalier, que ton travail ne soit glorieux; & c'est une idée très-heureuse, comme tu dis fort ingénieusement; mais permets-moi que je te fasse mes petites obfervations , moins pour te critiquer que pour te mettre en état de répondre aux fottifes des antagoniftes de M. de Voltaire, & aux far-cafmes de tes ennemis fecrets : car, qui n'en a pas ?

Le Chevalier.

Mon Frere , vous avez raifon ; mais permet-tez-moi auffi d'envoyer cette lettre à l'Affem-blée des Comédiens Français.

SCENE III.

DES FOSSEZ, LE CHEVALIER, UN LAQUAIS.

Le Chevalier.

Hola ! quelqu'un. Champagne, Bourgui-gnon. Portez cette lettre à la Comédie Françaife; vous demanderez le Semainier. Je fuis à toi maintenant.

SCENE IV.

DES FOSSEZ.

C'est fort heureux, en vérité.

Le Chevalier.

D'abord, tout ce que tu peux me dire , je le

prendrai toujours en bonne part, mon Frere,
je connois ton amitié pour moi. En revanche,
mon esprit ni mon cœur ne t'ont point été
cachés, ni ne te le feront jamais.

DES FOSSEZ.

[*Ils s'embraffent.*]

S'il eft ainfi, Seigneur, que cet embraffement
Te témoigne ma joie, & mon raviffement.

LE CHEVALIER.

Je commence par répondre à ta premiere
& judicieufe obfervation, c'eft-à-dire les fottifes des Antagoniftes de M. de Voltaire. Les
Anti-Voltairéiftes, (fi je puis me fervir de ce
nouveau terme,) ne font plus aujourd'hui aucune fenfation : on ne les connoît que trop, par
malheur pour eux, & par bonheur pour nous.
On les laiffe pour ce qu'ils font, & on les
méprife fouverainement, d'autant que la plu-
part, & je pourrois dire tous, font de mau-
vaife foi, quelque chofe même de plus. Je
veux bien paffer l'expreffion, il faut être honnête ; mais tu le devines que de refte.

DES FOSSEZ.

M. de Voltaire, dans plufieurs de fes ré-
ponfes, n'a point dédaigné de s'en fervir, &
cela affez fouvent, mon Frere.

LE CHEVALIER.

Il a eu fes raifons, fans doute.

DES FOSSEZ.

Il n'en a pas mieux fait.

LE CHEVALIER.

Quant à mes ennemis fecrets, (en Littérature s'entend,) j'en ai, il eft vrai, & j'en ai

8   LA CINQUANTAINE,
beaucoup ; mais, d'honneur, je ne fais pourquoi, mon Frere. D'abord, je n'ai point affez
de talent ni de mérite pour être dans la claffe
des Hommes de Lettres : tout au plus, fi je fuis
fimple Littérateur. La Póéfie fait mon amufe-
ment & non mon occupation, encore moins
mon état.

DES FOSSEZ.

Le Public en eft inftruit ; tu as dit quelque
part :

Je tiens un autre état que celui de Rimeur.

LE CHEVALIER.

Tu es bien bon de te reffouvenir de ces mi-
feres-là. De plus, j'ai gardé très-long-temps
l'anonyme, oui, mon Frere, très-long-temps.

DES FOSSEZ.

Tu aurois peut-être fagement fait de le gar-
der encore très-long-temps.

LE CHEVALIER.

Je n'en difconviens pas, & c'étoit bien dans
ma façon de penfer ; mais des perfonnes de la
premiere volée, dans la Littérature, m'ont per-
fuadé qu'il ne convenoit pas, dédiant mon
Ouvrage à l'Académie Françaife, de céler
mon nom, pas même mes qualités : j'ai eu la
foibleffe de les croire, de fuivre leurs avis :
voilà mon tort.

DES FOSSEZ.

Et ce tort eft très-grand.

LE CHEVALIER.

Je pourrai le réparer dans une nouvelle
édition.

DES

DES FOSSEZ.

Chevalier, ceſſons, s'il te plaît, &, pour
me ſervir de tes expreſſions :

Nous nous ſommes beaucoup écartés du chemin,
Prenons quelque ſentier pour arriver enfin.

LE CHEVALIER.

Ce trait-là flatte plus mon cœur que mon
eſprit. Revenons à la *Cinquantaine Dramatique* de M. de Voltaire, à qui j'ai donné ſim-
plement le nom d'intermede, parce que je de-
ſire que l'on repréſente MARIANNE, & qu'on
la joue après en guiſe de petite Piece, de même après BRUTUS, ZAÏRE, ALZIRE, &c.

DES FOSSEZ.

Fort bien, Chevalier, fort bien. Je laiſſe
courir votre eſprit, & je permets à votre imagination de ſe donner carriere ; mais je m'ap-
perçois d'une faute peu facile à corriger. Sa
premiere Tragédie eſt ŒDIPE.

LE CHEVALIER.

Que dites-vous là, mon Frere ? quel preſ-
ſentiment funeſte !...

DES FOSSEZ, *feuilte.*

Voyons : je puis me tromper, mon Frere,
voici l'endroit : liſez.

LE CHEVALIER.

[*Il lit.*]

ŒDIPE, Tragédie, avec des Chœurs, repréſentée, pour la premiere fois, en 1718. Quel
coup de foudre ! Puis-je m'être abuſé à ce
point-là ?...

DES FOSSEZ.

Il y a preſque cinq ans d'anticipation, l'a-
nachroniſme eſt léger.

B

Le Chevalier.

Ah! mon Frere, plaignez-moi plutôt. Je suis anéanti, pétrifié. Pourquoi cette heureuse idée ne m'est-elle pas venue il y a cinq ans? Pourquoi?...

Des Fossez.

Pourquoi? Eh! pourquoi n'est-elle pas venue à d'autres aussi-bien qu'à toi? Tu es bon de t'affliger ainsi. Console-toi, tu es toujours le premier...

Le Chevalier.

Non, je n'en fais point le fin; je dédaigne une gloire qui ne m'appartient pas : j'avouerai avec ma franchise ordinaire, que bien tu me connois, que ce fut *la Centenaire*, qui me fit naître l'idée de *la Cinquantaine*.

Des Fossez.

Tu possedes une qualité bien rare à présent, je veux dire la franchise sur-tout pour un Auteur, mon frere.

Le Chevalier.

Foi de Gentilhomme! si je suis Auteur, c'est sans prétention aucune : j'emploie le tems, je m'amuse, & c'est tout; je l'ai dit quelque part.

Simple particulier dans ce vaste Univers,
Pour mon amusement je crayonne des vers.

Des Fossez.

Tu devrois bien, Chevalier, crayonner aussi un Poëme Epique.

Le Chevalier.

Eh! d'où vient mon frere? un Poëme Epique?

DES FOSSEZ.

C'est que tu fais souvent des Episodes admirables.

LE CHEVALIER.

J'avoue mon tort ; finissons, & consultons
ensemble à qui je donnerai mes rôles.

DES FOSSEZ, *étonné.*

Comment tes rôles !

LE CHEVALIER.

Sans doute mes rôles : les rôles de ma piece,
entendez vous ?

DES FOSSEZ.

De bonne-foi, Chevalier, vous pensez à faire
représenter *la Cinquantaine.*

LE CHEVALIER.

Apparemment, j'y pense de bonne-foi.

DES FOSSEZ.

Et vous croyez que les Comédiens la joueront ?

LE CHEVALIER.

Sans contredit ; je crois que les Comédiens
la joueront.

DES FOSSEZ.

Et moi, je vous dis qu'ils ne la joueront
point, mon très-cher frere.

LE CHEVALIER.

Et moi, je vous dis qu'ils….. J'entends venir
mon pere. A tantôt.

SCENE V.

M. DES FOSSEZ pere, **DES FOSSEZ** fils,
LE CHEVALIER.

DES FOSSEZ pere.

Bonjour, mes enfants. Je viens de faire une bonne emplette : je viens d'acheter la Statue de notre Sophocle.

DES FOSSEZ fils.

J'entends mon pere, vous voulez dire la Statue de M. de Voltaire.

DES FOSSEZ pere.

Vous avez de la conception, mon fils.

LE CHEVALIER.

Nous parlions, mon frere & moi, à l'inftant de ce grand homme.

DES FOSSEZ pere.

Je vous en félicite tous deux.

DES FOSSEZ fils.

Quant à moi, je fuis enchanté de poſséder ſa Statue.

LE CHEVALIER.

Je la viſiterai preſque tous les jours.

DES FOSSEZ pere.

Ce ſera le plus bel ornement de mon Cabinet.

LE CHEVALIER.

J'honore ſa perſonne, & j'eſtime ſes ouvrages.

DES FOSSEZ fils.

Pour moi, mon frere, je ne suis pas tout-à-
fait de votre avis.

LE CHEVALIER.

Vous avez tort, mon frere.

DES FOSSEZ pere.

Sans doute mon fils, vous avez tort, & très-
grand tort de penser & de parler de la sorte :
mais sachons en la cause.

LE CHEVALIER.

Profitons de ce moment, pour rédiger le
plan *de la Cinquantaine.* [*Il se met à écrire.*]

SCENE VI.

Les mêmes Acteurs.

DES FOSSEZ fils.

MON pere, je sais tout le respect que je vous
dois ; mais permettez de vous dire que M. de
Voltaire, si estimable par plusieurs endroits, ne
l'est gueres du côté de la Religion : il en parle
mal assez souvent.

DES FOSSEZ pere.

O ciel ! mon fils, pouvez-vous donner dans
ce travers-là ? ne voyez-vous point que ce sont
ses envieux, que ce sont ses ennemis qui seuls
l'attaquent si lâchement. M. de Voltaire aime
notre Religion, en professe la foi, en honore
le culte. Mais il déteste, il abhorre ses infrac-
teurs, je veux dire les Tartuffes, &......

Des Fossez fils.

D'où vient raille-t-il nos Ministres saints?

. . . .

Des Fossez pere.

Hélas ! il ne cenfure que les maudits de Dieu. Le malheur de la Religion eft que des loups raviffants fe foient quelquefois introduits dans le troupeau facré. Voilà ceux qui font tort à la Doctrine chrétienne.

Des Fossez fils.

Plufieurs de fes ouvrages cependant font une preuve de ce que j'avance.

Des Fossez pere.

Plufieurs de fes ouvrages! combien en voyons-nous éclorre tous les jours, que des Libraires ignorants, non moins qu'avides, ont l'impudence de mettre fous fon nom, auxquels n'a jamais penfé ce bon vieillard.

Des Fossez fils.

Il eft vrai, mon pere : dernièrement encore on lui attribuoit certaine brochure. . . . .

Des Fossez pere.

Néanmoins il a pu fe faire que dans le tourbillon d'une fougueufe & imprudente jeuneffe, il ait touché au bandeau facré de la Religion.

Des Fossez fils.

Témoins fon Epître à Uranie, fon Poëme de la Pucelle, &. . . . . .

Des Fossez pere.

Ce font des ombres à un tableau. Foibleffe de la nature humaine ! répondez, mon fils. Le Grand Condé, paroît avoir terni fa gloire en portant les armes contre fon Maître ? Qui ne com-

met des fautes ? Le sage l'a prononcé autrefois :
tout homme est fautif.

DES FOSSEZ fils.

M. de Voltaire lui même a embelli cette sen-
tence, en disant :

Quel homme est sans erreur, & quel Roi sans foi-
blesse?

DES FOSSEZ pere.

En tout cas, mon fils, ce grand homme a re-
connu sa faute, est sorti de son erreur.

DES FOSSEZ fils.

Tant mieux, mon pere, tant mieux. Je le
souhaite plus que je le crois.

DES FOSSEZ pere.

Vous êtes un peu incrédule, mon fils ; &, preuve
de ce que je vous dis là, n'a-t-il pas fait reconf-
truire & rebâtir à neuf la Paroisse du village
de Ferney ? ne vit-il pas en bonne & sainte in-
telligence avec son Curé ?

DES FOSSEZ fils.

Oui, mon pere, tous ces faits-là sont vrais. De
plus, je sais que c'est luiqui a créé (1) Ferney. Il
fait défricher les landes, arracher les bois,
planter des vignes, & cultiver les montagnes.

DES FOSSEZ pere.

Ce bon vieillard ne s'occupe maintenant qu'à
faire des heureux (2). Ainsi que lui, corrigez
vous, mon fils, & sortez de votre erreur à son
égard, sur-tout pensez mieux de votre prochain.

[*Deux Portefaix portent sur un brancard
une Statue.*]

LE GARÇON SCULPTEUR, *dans la coulisse.*
Eh ! vous autres avancez dans ce sallon.

SCENE VII.

Les Acteurs précédents, un GARÇON
SCULPTEUR, Portefaix.

DES FOSSEZ pere.

PRENEZ garde, mes amis, prenez bien
garde à ce que vous allez faire..... Posez-la
doucement : vous avez un grand trésor entre
vos mains.

LE GARÇON SCULPTEUR.

Je le sais bien, & j'y prends garde aussi de
par tous les diables. Mais tranquillisez-vous,
Monsieur, cela n'est point lourd : l'esprit est
léger (3).

DES FOSSEZ pere.

Vous avez des lumieres au-dessus de votre
état, mon ami.

LE GARÇON SCULPTEUR.

C'est ce grand homme, ce fameux Poëte,
M. de Voltaire, en un mot. Oh ! j'ai l'honneur
de le connoître bien, & il y a long-temps, je
m'en vante, Monsieur.

DES FOSSEZ pere.

Comment, mon garçon, vous connoissez
cet astre de la France ?

LE GARÇON SCULPTEUR.

Apparemment, son nom de famille est
Aroüet, fils de M. Aroüet, Trésorier de la Cham-
bre des Comptes ; mon pere étoit son Caissier.
Ecoutez,

Écoutez, je vais vous conter quelques traits remarquables de sa jeunesse.

DES FOSSEZ pere.

Chevalier, cessez d'écrire, & prêtons tous une oreille attentive.

SCENE VIII.

Les Acteurs précédents.

LE GARÇON SCULPTEUR.

M. de Voltaire, annonça, dès sa plus tendre enfance, cette activité d'imagination, & cette facilité de produire, qui font les caracteres les plus marqués d'un génie heureux & supérieur.

DES FOSSEZ fils.

Ce n'est point du tout mal débuter, mon frere.

LE GARÇON SCULPTEUR.

Je passerai sous silence le pronoftic favorable de la célebre Ninon de l'Enclos, qui, en recevant la visite du jeune Arouet, l'examina avec une attention singuliere, & parut démêler dans les réponses ingénieuses & vives qu'il lui fit, les talents prodigieux qui devoient l'élever un jour au rang d'un des premiers génies de notre siecle.

DES FOSSEZ pere.

Entendez-vous, mon fils, raisonner ce moderne Pigmalion ?

C

LE GARÇON SCULPTEUR.

La passion des vers & l'amour de la gloire, (me dit mon pere) sembloient déjà s'annoncer chez lui ; & Mademoiselle de l'Enclos se fit un plaisir de les fortifier par les conseils qu'elle lui donna de s'y livrer.

DES FOSSEZ fils.

En ce cas, nous devons beaucoup à Mademoiselle de l'Enclos.

LE GARÇON SCULPTEUR.

Vous savez, ainsi que moi, que l'amitié qu'elle se sentit pour le jeune Aroüet, l'engagea même à lui léguer par son Testament, une somme qu'elle destinoit à lui acheter des livres.

DES FOSSEZ pere.

M. de Voltaire, en a été reconnoissant. Il dit lui-même quelque part :

De l'esprit de Ninon, je fus seul légataire.

LE GARÇON SCULPTEUR.

Vous ne savez peut-être pas cette anecdote de famille. Son pere le vouloit faire Avocat, & le jeune Aroüet vouloit être Poëte ; il sortit même de la maison paternelle, à cet effet. Ce fut à la premiere représentation de MARIAMNE, donnée en 1723, qu'ils se raccommoderent.

LE CHEVALIER.

Entends-tu ? la premiere représentation de MARIAMNE, donnée en 1723.

LE GARÇON SCULPTEUR.

Le bon-homme de pere embrassa son fils, en fondant en larmes ; il l'amena souper chez

lui , & dès ce moment il ne fut plus queſtion
de faire M. de Voltaire Avocat.

Le Chevalier.

M. de Voltaire , Avocat ! cela auroit été plai-
ſant ! Ah ! ha ! ha !

Des Fossez père.

Il eſt bien le patron des innocents condamnés.
N'a-t-il par défendu les cauſes des Sirven , des
Calas, des Mont-Bailli, & cela ſans intérêt?

Des Fossez fils.

L'on peut l'appeller , avec juſte raiſon, le
défenſeur de l'humanité.

Le Garçon Sculpteur.

Il me vient dans la mémoire une certaine
anecdote peu connue.

Le Chevalier.

Avec votre permiſſion , mon père , écoutons
notre Phidias.

Le Garçon Sculpteur.

M. le Duc d'Orléans , Régent , ſe promenoit
au Palais Royal, on lui montra le jeune Aroüet.
[On le croyoit Auteur de certains couplets ſa-
tyriques qui commençoient par ces mots , *j'ai
vu.*] J'ai vu le temps, j'ai vu le jour, j'ai vu la
ville, j'ai vu la Cour, j'ai vu ceci, j'ai vu cela,
& cætera. S. A. R. lui dit , M. Aroüet , vous avez
vu bien des choſes à votre âge ; mais je penſe
que vous n'avez point encore vu la Baſtille.
« Ah ! Monſeigneur , repart notre jeune Poëte,
» je la tiens pour vue. Je vous tire ma révérence.

Le Chevalier.

Je le ſuis ; j'ai quelque choſe à lui demander
en ſecret.

SCENE IX.

DES FOSSEZ pére, DES FOSSEZ fils.

DES FOSSEZ pere.

Vous avez entendu parler ce Garçon
Sculpteur : vous voyez, mon fils, que tout le
monde ne pense point comme vous de ce grand
homme , à qui nos voisins les insulaires , soit
dit à notre honte , rendent toute justice.

DES FOSSEZ fils.

Mon pere , vous prenez feu trop aisément ;
je sais lui rendre la justice qui lui est due a tant
d'égards : mais aussi de même que je le loue ,
de même aussi je le blâme ; soyez impartial , je
vous prie.

DES FOSSEZ pere.

Esprit rare , sublime! ame noble , ingénue!
Enfans de la saillie , & pere des bons mots ,
Je vais inaugurer ta nouvelle Statue.
Que ne puis-je immoler en ce jour à ta vue,
Les cuistres , les pédants , les frippons & les sots
Qui t'outragent sans fin , par d'infames propos!
Reptiles carnassiers , race fangeuse , impure ,
Dont rougit notre siecle , autant que la nature ,
J'ose faire parler ici la vérité :
Tu seras mieux connu chez la postérité.

DES FOSSEZ, fils. [*bas, à part.*]
Mon Pere entre dans l'enthoufiafme!

DES FOSSEZ, pere.

Un génie pareil, être fi peu fêté parmi fes concitoyens! Je m'en étonne; & l'on pourroit fe récrier ici, fans faire le pédant: *ô tempora! ô mores!*

DES FOSSEZ, fils.

Il eft vrai, mon Pere, que de certaines gens tâchent de rabaiffer les talents de cet illuftre Ecrivain, en l'attaquant fur fes mœurs, &.....

SCENE X.

DES FOSSEZ, pere, DES FOSSEZ, fils, LE CHEVALIER.

LE CHEVALIER.

PRÉVILLE! Préville! Le Garçon Sculpteur. Préville, te dis-je.... Ah! mon Pere, excufez, je ne vous voyois pas, c'étoit à mon Frere...

DES FOSSEZ, pere.

Chevalier, eft-ce que je fuis de trop? Regardez-moi comme votre ami.

LE CHEVALIER.

Quelle bonté! Mais, mon pere, il ne convient pas trop de faire fon éloge; par conféquent, je ne puis vous dire mon entreprife, mon travail.

DES FOSSEZ, fils.

Pourquoi héfitez-vous? Quel embarras! Eft-ce timidité? eft-ce honte? De grace, expliquez-moi cette énigme, je ne la comprends point.

LE CHEVALIER.

Ce n'est point timidité de ma part. Un Pere tel que vous ne fait point se faire craindre, il fait se faire aimer & respecter. Mais je voulois vous donner le plaisir de la surprise dans certaine chose...

DES FOSSEZ, pere.

Tout est dit : je ne veux point être indiscret.

LE CHEVALIER.

Point du tout. C'est l'idée la plus heureuse qui m'est venue ce matin. Mon Frere, dis le reste.

DES FOSSEZ, fils.

Puisque tu le veux, Chevalier, je vais parler, & dire à mon Pere...

DES FOSSEZ, pere.

Voyons donc cette idée heureuse qui lui est venue ce matin.

DES FOSSEZ, fils.

C'est *la Cinquantaine Dramatique* de M. de Voltaire.

LE CHEVALIER.

Ah ! je tremble. Quel supplice !

DES FOSSEZ, pere.

La Cinquantaine Dramatique de M. de Voltaire.

DES FOSSEZ, fils.

Justement, *INTERMEDE*, orné de Chants & de Danses.

DES FOSSEZ, pere.

Fort bien. Et moi, j'ai conçu le dessein de faire l'*INAUGURATION* de la Statue de cet homme illuftre. J'ai même fait inviter tous nos parents & nos amis de venir chez moi ce foir pour célébrer cette fête.

LE CHEVALIER.

A merveille. Nos deux idées font à-peu-près les mêmes, jugez-en : [*Avec volubilité.*] Dans ma Piece, on parlera, on déclamera, on récitera, on lira, on chantera, on danfera. Mon plan eft déjà fait, mon intrigue formée, & le hafard me fournira le dénouement, fans doute, ainfi que la Scene du Garçon Sculpteur, que je dois arranger.

DES FOSSEZ, pere.

Vous comptez donc la faire jouer, mon Fils ?

LE CHEVALIER.

Oui, mon Pere, & je diftribuois déjà mes rôles, quand vous êtes arrivé. De plus, Monfieur mon Frere prétend que les Comédiens ne l'accepteront point.

DES FOSSEZ, pere.

D'où vient ? N'ont-ils pas faifi tous, avec le plus grand empreffement, (il faut que juftice leur foit rendue) faifi, dis-je, l'occafion de rendre leur hommage au plus grand des Poëtes comiques de la France, & même de l'Europe ?

LE CHEVALIER.

Ils ont même donné deux Pieces (4) au lieu d'une ; & j'ofe foutenir qu'ils en auroient accepté dix, fi on leur eût préfenté dix Pieces à la gloire de Moliere.

DES FOSSEZ, fils,

D'après votre raifonnement, Chevalier, je ne doute point que les Comédiens n'acceptent, avec empreffement, *la Cinquantaine* :

car ils estiment & considerent beaucoup M. de
Voltaire ; mais....

LE CHEVALIER.

Mais ! que voulez-vous dire avec votre mais ?
Mon Frere est comme les femmes, il a toujours
en réserve un perfide mais.

DES FOSSEZ, pere.

J'ai connu ces Messieurs ; je les ai trouvés
par fois honnêtes & polis. D'ailleurs, ils doivent être convaincus que tous les Auteurs,
soit tragiques, soit comiques, sont leurs peres
nourriciers.

DES FOSSEZ, fils.

Par conséquent ils joueront la Piece de mon
Frere.

DES FOSSEZ, pere.

Sans doute qu'ils doivent la jouer, il y va
de leur honneur (5).

DES FOSSEZ, fils.

Je ne voudrois du tout en être le garant.
Excusez, mon Pere, si....

DES FOSSEZ, pere.

D'ailleurs, l'impression me vengera assez,
mon but étant de faire connoître à mes concitoyens, le respect & la vénération que j'ai
pour ce grand homme.

DES FOSSEZ, fils.

Les Comédiens se feront un plaisir, que
dis-je ! se feront un devoir de jouer votre *Intermede*, Chevalier, c'est moi qui vous en assure.

LE CHEVALIER.

S'il est ainsi, distribuons nos rôles. Avec
votre permission, mon Pere.

DES

DES FOSSEZ, Pere.

Ne vous gênez point, je vous l'ai déjà dit ;
regardez-moi comme vôtre ami. Je vous laisse
un moment seuls, j'ai quelques ordres à donner.

SCENE XI.

DES FOSSEZ, Fils, LE CHEVALIER.

DES FOSSEZ.

TU dois être bien content ? Je le souhaite ;
quant à moi, plus que je ne le crois.

LE CHEVALIER.

Oh ! tu es incrédule dans tous les points.
M. des Fossez Pere, BRIZARD ; Mademoiselle
des Fossez, Mademoiselle RAUCOUR ; toi, Monsieur mon Frere, LE KAIN ; moi, MOLÉ.

DES FOSSEZ, *écrivant.*

A ce sujet, de Molé, de le Kain,

Interrompons, s'il te plaît, l'entretien :

Le Kain aura ma corporence

Et ma rotondité ;

Molé, ta pétulance

Et ta vivacité.

LE CHEVALIER, *écrivant.*

J'applaudis à tes vers. Araminte, Mademoiselle FANNIER ; Célianté, Mademoiselle HUS ; Damon, BELCOUR ; le Garçon Sculpteur, PRÉVILLE, comme je l'ai dit tantôt.... Je

voudrois, de bon cœur, y faire jouer tous les
Acteurs & Actrices.

DES FOSSEZ.

Même les Gagistes, & les Garçons de théâtre, n'est-ce pas, Chevalier ?

LE CHEVALIER.

Tu crois badiner ? Ils y joueront un rôle.
Qui représentera nos Domestiques ?

DES FOSSEZ.

Parbleu ! je ne croyois pas avoir le don de
deviner. Je fais de la profe sans le savoir.

SCENE XII.

DES FOSSEZ, pere, DES FOSSEZ, fils,
LE CHEVALIER, UN LAQUAIS.

DES FOSSEZ, pere.

DONNEZ-MOI les deux girandoles.

DES FOSSEZ, fils.

Mon Pere, sans doute, veut faire des illu-
minations.

LE CHEVALIER.

Point du tout, il ne veut que rendre hommage à ce fameux Ecrivain.

DES FOSSEZ pere, *au Laquais*.

Vous direz à ma fille de se tenir prête à des-
cendre au Sallon, lorsque je lui ferai dire.
Ecoutez avant, tous deux.

DES FOSSEZ, fils.

Que veut-il encore faire ?

LE CHEVALIER.

Je crois deviner son intention.

DES FOSSEZ Père, *au Laquais*.

Sortez, & revenez au plutôt.

SCENE XIII.

Les Acteurs précédents.

DES FOSSEZ, Pere.

ALLONS, mes Fils, déclamez ou récitez quelque chose en l'honneur de M. de Voltaire, Vers ou Profe, Profe ou Vers, n'importe.

LE CHEVALIER.

Au plus gai des vieillards, au plus grand des Poëtes ;
A l'Orphée attendu dans nos belles retraites.

DES FOSSEZ, Pere.

Nous favons ces beaux vers-là. C'eft Horace qui eft cenfé lui adreffer la parole. Combien ne lui a-t-on pas fait de tracafferies fur cela ?

LE CHEVALIER.

Chantre du Grand Henri, peintre de Gabrielle,
Modefte Philofophe, Hiftorien fidele.

DES FOSSEZ, Pere.

Chevalier, un moment ; il ne convient pas de fe citer de la forte. A propos, je fuis bien aife de vous interroger fur un point, Monfieur l'incrédule ; répondez-moi. Que penfez-vous de la Henriade ?

DES FOSSEZ, fils.

C'eft un Poëme épique de la plus grande

beauté, le premier que nous ayons en notre langue. Ce Chef-d'œuvre manquoit à la Littérature Française. D'ailleurs, c'est un ouvrage national, rempli de sentiments patriotiques, de vues sublimes, d'épisodes charmants, &.....

DES FOSSEZ, Pere.

On fera quelque chose de vous, mon Fils. Eh, bien! croiriez-vous qu'il y a des gens assez injustes, assez de mauvaise foi, pour oser dire que la Henriade n'étoit point un Poëme, & qu'il y avoit plus d'Histoire que de Poésie?

DES FOSSEZ fils.

O blasphème! Daignez écouter les vers que j'ai faits sur sa convalescence derniere.

La Déesse aux cent voix, qu'on nomme Renom-
    mée,
Qui donne, au lieu d'encens, par fois de la fumée;
Publia qu'Atropos, d'un doigt croche & subtil,
Avoit, de tes beaux jours, osé couper le fil.
Ce faux bruit répandu dans nôtre Capitale
Des vrais fils d'Apollon la peur fut sans égale;
Ils se disoient déjà: « Voltaire n'est donc plus?
» Il n'est plus, ce grand homme, ô regrets su-
    perflus!
» Le Chantre de Henri, cet Auteur plein de charmes,
» Qui du cœur le plus dur savoit tirer des larmes,
» Est donc enveloppé du funeste linceuil?
» Le Parnasse, sans doute, en portera le deuil » (6)?
Tels propos sont flatteurs; mais ta modeste
    gloire
Rejette tout l'encens des Filles de Mémoire.

Çà , finissons , enfin , en tout temps, en tout lieu ,
D'Alembert , Diderot , N***, R*** ;
Les Petits & les Grands , les Héros & les Belles ,
Demandoient , à l'envi , toujours de tes nouvelles.
    Un Ange a prononcé que tu te portois mieux.
Il falloit voir la joie éclater dans les yeux ;
Les sons plaintifs & sourds de la morne tristesse ,
Se changer en des chants d'une vive allégresse ,
Tous émanés du cœur. Tel on vit autrefois ,

Il faudroit tes pinceaux , si je voulois décrire
Ce moment fortuné. Plus qu'un mot à te dire.
Pour bien faire enrager les pédants , les jaloux ,
Oses vivre cent ans , pour les voir crever tous.

SCENE XIV.

Les Acteurs précédents , ARAMINTE.

[Un Laquais annonce Araminte.]

ARAMINTE.

JE viens pour être Actrice de l'Inauguration de la Statue de M. de Voltaire , que j'ai choisi pour mon berger.

DES FOSSEZ, Pere.

Madame , vous la serez à peu de frais & de peine ; mais nous vous prions de lui réciter vos poésies & la lettre que vous lui avez,...

ARAMINTE.

Volontiers. Faites-moi grace de mes Poësies ; je vous réciterai seulement ma lettre, & sa réponse à icelle : je les sais par cœur.

LETTRE.

« Une femme, qui n'est pas Madame des Forges-Maillard ; une femme vraiment femme, & femme dans toute la force du terme, vous prie de lire les Pieces renfermées sous cette enveloppe. Elle fait des vers, parce qu'il faut faire quelque chose ; parce qu'il est aussi amusant d'assembler des mots que des nœuds, & qu'il en coûte moins de symmétriser des pensées que des pompons. Vous ne vous appercevrez que trop, Monsieur, que ces Vers lui ont peu coûté, & vous lui direz que :

Des vers faits aisément sont rarement aisés.

Elle se rappelle vos préceptes sur ce sujet, & ceux de Boileau, qui partage avec vous l'avantage de graver ses Ecrits dans la mémoire de ses Lecteurs, & d'instruire l'esprit sans lui demander des efforts. Vos principes & les siens sont admirables, mais ils ne s'accordent pas avec la légéreté d'une personne de vingt-un ans, qui a beaucoup d'antipathie pour ce qui est pénible. heureusement je rime sans prétention, & mes ouvrages restent dans mon porte-feuille. S'ils en sortent aujourd'hui, c'est parce qu'il y a long-temps que je desirois d'écrire à l'homme de France que je lis avec le plus de plaisir, & que je me suis imaginée que quelques Pieces de vers serviroient de passe-port à ma lettre : je n'ai point eu d'autres motifs.

Qu'il seroit glorieux pour moi d'obtenir votre suffrage, Monsieur! N'allez pourtant pas
croire que j'ose me flatter de le mériter; mais
croyez que rien ne peut égaler les sentiments
d'estime & d'admiration avec lesquels j'ai l'honneur d'être, &c. »

DES FOSSEZ, pere.

On ne se lasse point d'entendre Prose ou
Vers, qui regarde M. de Voltaire.

DES FOSSEZ, fils.

Je croyois Madame, que vous y aviez in-
féré quelques Vers.

ARAMINTE.

Il est vrai, Monsieur, je les ai retranchés
pour vous les lire après.

DES FOSSEZ, pere.

C'est ce qui s'appelle ménager nos plaisirs.

LE CHEVALIER,

Parlez, nous vous écoutons attentivement,
ma belle camarade.

ARAMINTE.

Il est des femmes beaux-esprits.
A Pindare, autrefois, dans les champs Olympi-
    ques,
  Corinne, des succès lyriques,
  Très-souvent disputa le prix.
Pindare assurément ne valoit pas Voltaire;
  Corinne valoit mieux que moi.
  Qu'il faudroit être téméraire,
  Pour entrer en lice avec toi!
Mais je le suis assez, pour désirer de plaire
  A l'Ecrivain dont le goût est ma loi.

Si tu daignois sourire à mes ouvrages,
Quel sort égaleroit le mien !
Tu réunis tous les suffrages,
Et moi je n'aspire qu'au tien.

DES FOSSEZ, fils.

M. de Voltaire vous l'a bien accordé depuis ce temps.

LE CHEVALIER.

Faites-nous part aussi de la réponse de ce Philosophe galant.

DES FOSSEZ, pere.

Je joins ma priere, Madame, à celle de mes Fils.

ARAMINTE.

Si je vous l'accorde, Messieurs, il n'y aura donc que pour moi à parler ? Laissez faire, je vous turlupinerai à mon tour.

Réponse de M. DE VOLTAIRE.

Vous n'êtes point là des Forges-Maillard !
De l'Hélicon, ce triste Hermaphrodite
Passa pour femme, & ce fut son seul art ;
Dès qu'il fut homme il perdit son mérite.
Vous n'êtes point, & je m'y connois bien,
Cette Corinne & jalouse & bizarre,
Qui, par ses vers, où l'on n'entendoit rien,
En déraison l'emporta sur Pindare.
Sapho, plus sage, en vers doux & charmants,
Chanta l'amour ; elle est votre modele,
Vous possédez son esprit, ses talents,
Chantez, aimez, Phaon sera fidele.

« Voilà

« Voilà, Madame, ce que je dirois si j'avois l'âge de vingt-un ans ; mais j'en ai soixante-quatorze passés. Vous avez de beaux yeux, sans doute, cela ne peut être autrement, & j'ai presque perdu la vue. Vous avez le feu brillant de la jeunesse, & le mien n'est plus que de la cendre froide. Vous me ressuscitez ; mais ce n'est que pour un moment ; & le fait est que je suis mort. C'est du fond de mon tombeau que je vous souhaite des jours aussi beaux que vos talents ».

DES FOSSEZ, père.

Heureusement que le défunt n'est pas mort.

DES FOSSEZ, fils

Le vieillard est encore un vert-galant.

LE CHEVALIER.

Vous souvient-il des vers de sa résurrection ? dites-nous les.

ARAMINTE.

Est-ce pour me persiffler ? Tout coup vaille. Les voici :

> Ancien disciple d'Apollon,
> J'errois sur les bords du Cocyte,
> Lorsque le Dieu de l'Hélicon,
> Dit à sa Muse favorite :
> Ecrivez à ce vieux Barbon.
> Elle m'écrit : je ressuscite.

E

SCENE XV.

Les Acteurs précédents, CÉLIANTE.

CÉLIANTE. [*Elle chante.*]

J'ENTRE sans me faire annoncer.

LE CHEVALIER.

Bon jour, ma belle Cousine.

CÉLIANTE. [*Elle chante.*]

Bon jour, mon beau Cousin.

DES FOSSEZ, pere.

Vous avez perdu, ma Niece, à ne point entendre les Poésies de la Marquise.

CÉLIANTE.

Je les sais toutes par cœur, graces au Ciel! n'est-ce pas, ma bonne amie?

ARAMINTE.

Vous avez bien de la complaisance, ma chere Céliante, que je me venge, à mon tour: voyons un peu de votre prose, &...

CÉLIANTE.

Ce font des Vers. J'ai plusieurs couplets en l'honneur & gloire de M. de Voltaire.

DES FOSSEZ, fils.

Prêtons la plus grande attention à ma Cousine.

CÉLIANTE.

Le cœur y a plus de part que l'esprit, au moins. [*Cela se chante sur plusieurs airs.*]

ODE ANACRÉONTIQUE.

Remplis de la plus noble audace,
Faifons éclater nos tranfports ;
L'Emule d'Homere & d'Horace
N'eft point defcendu chez les morts.

Hâtez-vous, riante Thalie,
De nos cœurs offrez-lui l'encens :
Que les bons mots & la faillie,
Forment nos danfes & nos chants.

Jeunes Eleves du Permeffe,
Qui fuyez les mauvais propos ;
Conduits par la plus douce ivreffe,
Venez encenfer mon Héros.

Tout ne fait que changer fur terre,
De face, de rang & de nom ;
Le Dieu que nous nommons Voltaire,
Les Grecs l'appelloient Apollon.

LE CHEVALIER, *avec feu.*
Ah ! ma belle Coufine, que je vous embraffe !
Les Grecs l'appelloient Apollon ! Quelle ima-
ge !... Quel fublime !....
DES FOSSEZ, pere.
Le fublime y eft, Chevalier, d'accord ; mais
la vérité s'y rencontre auffi.
CÉLIANTE.
Quoi, Meffieurs, je fais du fublime, moi ?
Eh ! point du tout : ma main écrivoit, & le
cœur feul m'a dicté.

A R A M I N T E.

Vous avez des entrailles, ma chere Céliante.

D E S   F O S S E Z, fils.

Ma Cousine, vous avez, sans doute, d'autres couplets ?

C É L I A N T E.

Oui, mon cher Cousin ; l'esprit se lasse, & non jamais le cœur. [*Air pour la Baronne.*]

I.

Divin Voltaire !
Reçois nos vœux, notre encens ;
Notre seul but est de te plaire,
Anime nos foibles accens,
Divin Voltaire !

I I.

Divin Voltaire !
Vous avez fréquenté Clio,
Euterpe, Athalie & son Frere,
Même le Temple d'Erato,
Divin Voltaire !

I I I.

Divin Voltaire !
Seul encor qui donnez le goût :
Roman, Conte, Ode & Caractere,
Vous avez réussi dans tout,
Divin Voltaire !

SCENE XVI.

Les Acteurs précédents, Mademoiselle DES FOSSEZ.

LE CHEVALIER.

COMMENT, ma Sœur en Prêtresse d'Apollon ?

DES FOSSEZ, fils.   (6)

D'où vient ce déguisement, tout-à-fait nouveau ?

Mademoiselle DES FOSSEZ, *une couronne à la main.*

Je me rends à vos ordres, mon Pere.

DES FOSSEZ, pere.

Savez-vous votre rôle, ma Fille ?

Mademoiselle DES FOSSEZ.

Oui, mon pere, je sais votre belle Ode par cœur.

DES FOSSEZ, pere.

Désabusez-vous, ma Fille ; elle n'est point de moi, c'est un des Messieurs de l'Académie Française qui l'a composée, & qui a bien voulu m'en faire part.

Mademoiselle DES FOSSEZ, *déclame.*

ODE DE M. MARMONTEL.

Cette Ode se trouve imprimée dans les Etrennes du Parnasse 1773, & dans le second volume d'Octobre, du Mercure de France 1772.

SCENE XVII.

Les Acteurs précédents, DAMON.

DES FOSSEZ, pere.

AH! mon cher & vieux Ami, venez partager ma joie & mon plaisir. Je fais une espece d'inauguration de la Statue de notre Sophocle.

DAMON.

J'y viens aussi tout exprès. Bon jour, Mesdames; serviteur, Messieurs.

ARAMINTE.

Il falloit entendre Mademoiselle, avec sa voix sonore & touchante, déclamer une Ode...

DAMON.

Je sens fort bien tout ce que j'ai perdu, j'en suis assez puni, sans me...

Mademoiselle DES FOSSEZ.

Mesdames, vous allez, sans doute, éclater de rire, & je ris déjà moi-même. J'ai composé cette nuit un quatrain pour mettre au bas de la Statue de mon bon Ami, le vieux Malade de Ferney; mais je n'ose le montrer.

CÉLIANTE.

D'où vient? Bon ou mauvais, mauvais ou bon, n'importe, c'est tout un.

ARAMINTE.

Dans tout cela, ce n'est que l'intention que l'on doit regarder.

DES FOSSEZ fils.

Pour louer ce grand Poëte, il ne faudroit que citer ses vers.

LE CHEVALIER.

Ta pensée, Monsieur mon Frere, n'est pas neuve assurément.

DES FOSSEZ pere.

Voyons, ma Fille, ta Prose déjà est un bon pronostic pour tes Vers.

Mademoiselle DES FOSSEZ.

Puisque vous me le commandez, mon Pere; puisque vous l'exigez de moi, mes Dames; le voici ce beau quatrain, le voici :

Du célebre Voltaire admire la sculpture,
Tu verras son savoir dans ses profonds Ecrits;
L'esprit universel qu'il tient de la nature,
A nos neveux rendra ses ouvrages sans prix.

LE CHEVALIER.

Ses ouvrages sans prix. Bravo !

CÉLIANTE.

Courage, ma Cousine, courage. Votre pensée est très-vraie.

ARAMINTE.

Vous aviez tort de trembler, ma Cousine : quand on fait des Vers aussi naïfs, aussi coulants, on doit même les faire imprimer.

DES FOSSEZ fils.

On peut te dire, ma Sœur, sans aucune flatterie :

Vos pareils à deux fois ne se font point connoître,
Et pour des coups d'essai, veulent des coups de maître.

LE CHEVALIER.

Moi, je me charge d'envoyer votre quatrain à l'Almanach des Muses ; c'est une collection faite avec autant de choix que de goût.

DES FOSSEZ père.

Le vieux Malade de Ferney sera flatté, ma fille, & de ton amitié & de tes Vers.

CÉLIANTE.

Je gagerois bien que M. de Voltaire fera une réponse à Mademoiselle en forme de compliment de ce beau quatrain. Le bon vieillard est toujours galant.

DES FOSSEZ père.

Vous, mon vieux Ami, donnez-nous quelque chose du vôtre : soyez de la fête.

DAMON.

Que voulez-vous que je dise à la louange de cet aimable vieillard ?... Il faudroit lui réciter ses ouvrages, & le prier de nous en donner encore ; le Public ne se lasse point de ses productions. A propos, il me souvient, à ce sujet, de lui avoir adressé une petite Fable autrefois.

CÉLIANTE.

Une Fable ? voyons : depuis quelque temps on nous inonde de Fables (7).

ARAMINTE.

Il me semble qu'après la Fontaine il est un peu difficile d'en faire.

DAMON.

C'est bien là aussi mon avis, mes Dames, & nous avons le Public pour nous. Une édition de Fables est des années à s'épuiser, tandis qu'une édition de Contes se vend en six mois, tout au plus.

CÉLIANTE.

CÉLIANTE.

Monsieur nous en parleroit-il par une fatale
expérience ?

ARAMINTE.

Il y a certain Recueil de Fables & Contes
Anonymes, de par le monde....

DAMON.

Quoi qu'il en soit, Mesdames, je vous demande beaucoup d'indulgence pour ma Fable,
car je l'ai faite dans ma jeunesse, & vous vous
en appercevrez aisément. De plus, sans la cir-
constance présente, je n'en aurois pas parlé.

LE CHEVALIER.

Pendant ce temps, allons exécuter notre
nouveau projet.

SCENE XVIII.

Les Acteurs précédents.

M. DES FOSSEZ.

Notre ami Damon, vous faites un furieux
Prologue à votre Fable.

DAMON.

Tu as raison, mon vieil ami, j'en fais mes
excuses à la compagnie.

LE BERGER ET LE ROSSIGNOL.

FABLE A M. DE VOLTAIRE.

Vous vous plaignez, Disciple d'Apollon,
Favori des neuf Sœurs, esprit vaste, profond ;
Plume légere, & non moins qu'estimable,
De la tourbe méprisable.

F

Des cuiſtres, des pédants ; au bourbier du vallon
Laiſſes-les pâturer ; à ma foible chanſon
    Daigne prêter une oreille attentive.
Voici ce qu'un Berger diſoit au Roſſignol,
Sur les bords fortunés de ton aimable rive. (*Ferney.*)
    Court je ſerai, point ne ſuis Eſpagnol.
Vers le ſigne de l'Ourſe, une triſte ſoirée
Eloignoit des côteaux la Nymphe Galatée.
Philinte, ſon Amant, vîte adreſſa ces mots
A l'Amphion des bois, bercé par le repos,
Gardoit depuis long-temps un trop fâcheux ſilence
« Chantez, chantez, aimable Roſſignol,
» En a-mi-la, bé-fa-ſi, gé-ré-ſol ;
» Par vos divins accords retenez ma Maîtreſſe ;
» Inſpirez-lui vos chants d'amour & de tendreſſe ».
L'humble & modeſte Orphée auſſi-tôt répondit :
    Les Grenouilles font tant de bruit,
    Que de chanter je n'ai du tout envie.
Ne les entends-tu pas ? Ce n'eſt point fantaiſie
De ma part. Il eſt vrai, répartit le Berger,
    « Je les entends, très-certaine eſt la choſe ;
» Ces maudits animaux piaillent en ce verger ;
    » Mais ton ſilence en eſt la ſeule cauſe ».
Génie univerſel ! Homere de nos jours !
Sans doute du Berger tu comprends le diſcours ?

CÉLIANTE.
Et nous comprenons tous que c'eſt fort bien dit,
D A M O N, *chante.*
Madame, en vérité,
Vous avez bien de la bonté.

DES FOSSEZ pere.

Ma Niece, ayez aussi la bonté de nous chanter encore quelques couplets.

CÉLIANTE.

J'ai, dans mon sac à ouvrage, une Ode anacréontique; mais je ne la chanterai qu'après que ma chere Cousine nous aura déclamé votre fragment, mon Oncle, où Voltaire est loué par Voltaire.

ARAMINTE.

Voltaire loué par Voltaire! cela doit être précieux.

Mademoiselle DES FOSSEZ.

Oh! volontiers. Pour vous entendre chanter une Ode anacréontique à la gloire de mon bon ami, je ferois toute chose.

Colonne du Théâtre, Amant de Melpomene;
Heureux triomphateur des Maîtres de la Scene!
(N'en soyez point jaloux terrible Crébillon,
Ni vous, fumant encor, ô Mânes de Piron.)
Cher Voltaire! malgré la foudre & les orages,
Fais du bien dans Ferney, cultive tes boccages;
Paie, pour tes vassaux, le tribut de César,
Attache, s'il se peut, l'injustice à ton char.
Défriches ces vallons, défriches ces montagnes,
Ensemence de grains ces arides campagnes.
Sur le noble indigent épuise tes bienfaits:
Ne cesse de jouir de cette douce paix,
Que l'on goûte en faisant du bien à ses semblables,
Et que n'éprouvent point ces cœurs impitoyables,
Ces vampires gonflés du sang des malheureux:

A force de forfaits, qui se rendent fameux.
De cet homme & de toi voyons la différence.
» Tu fais fleurir la paix & régner l'innocence;
» Ces vignobles, ces bois, ta main les a plantés.
» Lui, fait que nos hameaux restent inhabités;
» Ces landes, ces marais, changés en pâturages,
» Ces colons rassemblés, ce sont là tes ouvrages!
» Ce monstre, en ces procès terribles, menaçants,
» Entraîne, en des cachots, le pere & les enfants;
» Ravit aux citoyens le pain que tu leur donne,
» Et, sous le nom ....., tyrannise, emprisonne »
Je voudrois, dédaignant le luxe de la Cour,
Habiter, comme toi, mon champêtre séjour;
Entendre, autour de moi, cent voix qui me bé-
              nissent!
De tes heureux succès quelques frippons gémissent...
O vieillard généreux! tu finis tes moissons,
Le pauvre en est nourri. Tes chanvres, tes toisons
Habillent décemment le berger, la bergere,
Et tu joins, par l'hymen, Méris avec Glicere.
Ces cœurs reconnoissants, à toute heure, en tout lieu
Chantent leur bienfaicteur, & pour toi prient Dieu.

SCENE XIX.

Les Acteurs précédents, LE CHEVALIER,
UN LAQUAIS, *portant des liasses.*

LE CHEVALIER.

MESDAMES, permettez-vous que je fasse
une espece de sacrifice à M. de Voltaire? C'est
toutes les Brochures, les D...., les Feuilles périodiques, les Feuilles volantes, les
Feuilles assommantes, remplies de sottises,
de platitudes, de sarcasmes odieux, & de
mensonges imprudents contre ce grand homme.

CÉLIANTE.

Nous allons de grand cœur en allumer le
bûcher.

ARAMINTE.

Je veux y mettre le feu la premiere.

Mademoiselle DES FOSSEZ.

Je vous dispute cet honneur.

CÉLIANTE. (*Il brûle.*)

Il ne brûle qu'à peine. Quelle épaisse fumée!

ARAMINTE.

Quelle sombre & noire vapeur!

Mademoiselle DES FOSSEZ.

Quelle odeur fœtide, insupportable!

DES FOSSEZ fils.

C'est le froid des écrits. Hola, Champagne,
trois grains d'encens pour ces Dames.

D E S F O S S E Z pere.

Apportez un réchaud ...... Voyons l'Ode
anacréontique.

C É L I A N T E.

Volontiers, mon Oncle ; avant je vais chanter quelques couplets en rond. (*Air connu.*)

Quel est l'Auteur favori
Qui fait notre conquête ?
C'est le Nestor que voici,
Dont on célebre aujourd'hui
La fête, la fête, la fête.

De cet homme merveilleux,
Qui jamais ne déroge :
En dépit des envieux,
L'Anglois en fait en tous lieux
L'éloge, l'éloge, l'éloge.

De ce tyran des pervers,
Qui sagement propose,
On apprend par cœur les vers,
Et l'on cite à l'Univers
La prose, la prose, la prose.

Chers Amis, faisons les fous
En l'honneur de ce Sage ;
Que les sots & les jaloux,
Puissent d'abord crever tous
De rage, de rage, de rage !

ARAMINTE.

En vérité, ma chere Céliante, vous êtes d'une folie adorable.

DES FOSSEZ fils.

Dites plutôt d'une sagesse enjouée & amusante.

DES FOSSEZ pere.

Mesdames, c'est un jour de triomphe pour moi.

Mademoiselle DES FOSSEZ.

Et moi, mon Pere, je le regarde comme le jour de mon mariage.

LE CHEVALIER.

S'il m'est permis de dire mon sentiment, c'est un jour de bataille à mon cœur.

DES FOSSEZ fils.

Tu m'as volé celui-là, Chevalier; je t'en veux pour la vie.

DAMON.

Cessez de lui en vouloir, vous l'avez volé à tous les honnêtes gens.

CÉLIANTE.

On nous avoit flattés de voir Monsieur de Voltaire le printemps dernier.

LE CHEVALIER.

A propos : vous avez raison, belle Cousine. Là-dessus, je lui avois adressé une Epître; je n'en ai fait que le commencement, je vais le chercher. Continuez toujours.

SCENE XX.

Les Acteurs précédents.

Mademoiselle D E S F O S S E Z.

MA bonne Amie, je n'ai point oublié que
vous nous deviez chanter une Ode Anacréontique, qui est dans votre sac à ouvrage

C É L I A N T E.

Vous avez la mémoire heureuse, ma Cousine;
j'y songeois néanmoins.

ODE ANACRÉONTIQUE.

I.

Venez m'inspirer en ce jour
O chastes Filles de Mémoire !
Je voudrois fêter, à mon tour,
Cet Auteur rayonnant de gloire.

I I.

Soutenez ma timide voix;
Ah ! que n'ai-je votre éloquence !
Homme d'Etat, homme de Loix,
Prenez des leçons de clémence.

I I I.

Nous ne pouvons trop l'admirer
Ce Poëte rempli de charmes;
On pourroit même l'honorer;
Puisque Phœbus lui rend les armes.

IV.

I V.

Voltaire, recevez nos vœux!
Sur vous tout notre espoir se fonde;
Soyez content, vivez heureux,
Votre esprit plaît à tout le monde.

SCENE XXI.

Les Acteurs précédents, LE CHEVALIER.

LE CHEVALIER.

Voici le commencement de l'Epître que je vous ai promis, Mesdames.... Ce n'est qu'un brouillon, au moins.

EPITRE à M. DE VOLTAIRE, sur le bruit répandu qu'il devoit venir à Paris, le Printemps dernier.

[*Lit avec feu.*]

O mon Maître! un bruit sourd se répand dans la
    France,
Que tu viens visiter le lieu de ta naissance;
Pour moi, j'en suis ravi, ne pouvant espérer
Dans ton Ferney charmant moi-même t'admirer.
Habitant de Paris, visité par les Belles,
Les Seigneurs, les Prélats, les Commis à dentelles,
Les Femmes beaux-esprits, nos fameux Ecrivains,

G

Le Libraire-Imprimeur, & les Comédiens.

Voltaire ! à cet endroit je dois borner ma liste,
Il faudroit, autrement me munir d'un copiste.
Le Noble & le Bourgeois desirant de te voir,
De fades compliments il faudra recevoir.
Les Mignons de Plutus, avec magnificence,
Viendront te saluer au nom de la Finance,
Et te présenteront une couronne d'or,
Dédaignant le laurier, & faisant plus encor.
Les jeunes habitants des rives du Permesse,
A leur façon aussi te feront leur largesse ;
Un déluge de Vers attends-toi d'essuyer,
Tu ne les liras point, crainte de t'ennuyer.
Applaudi dans la Ville, ainsi que dans Versailles,
Recevant les honneurs d'un gagneur de batailles ;
Tu les mérites bien, soit dit sans bégayer,
Je me fais un plaisir d'être ton écuyer.
De toi, de tes écrits, sagement idolâtre,
Je prétends, certain jour, moi-même en plein théâtre,
Ceindre ton noble front de myrte & de laurier (13).
Tel on vit autrefois un célebre guerrier,
Dont nous pleurons encor la perte & la mémoire,
Au Temple d'Erato, couronné par la Gloire :
J'ose prédire ici, moi, chétif Chevalier,
Vos deux noms, à jamais, orneront notre Histoire.

DES FOSSEZ, fils.

Que je t'embrasse, Chevalier, c'est fort joli-
ment dit, *orneront notre Histoire.*

DAMON.

Permettez-moi de vous dire, que j'ai été épi-
grammatisé sur pareille chose.

LE CHEVALIER.

Voyons. Je prends volontiers des leçons de tout le monde.

DAMON.

Voici le fait. Le Roi m'ayant pourvu du Gouvernement de sa ville d'Andely, j'en fus prendre possession en 1766 : Messieurs de Ville me conduisirent voir la maison du grand Corneille. Je fis alors cet impromptu.

DES FOSSEZ pere.

Votre impromptu, mon ami, ne sera point du tout hors de place, puisqu'il regarde le grand Corneille, dont M. de Voltaire a marié la niece très-avantageusement.

DES FOSSEZ, fils.

L'Europe entiere connoît ce fait, ainsi que ses Commentaires sur ce Poëte.

DAMON.

C'est donc ici, Messieurs, la maison de Corneille,
Créateur du Théâtre & même la merveille :
Ce grand Homme brilloit avec le grand Condé ;
Leurs deux noms sont gravés au Temple de Mémoire,
     L'équitable immortalité,
Ensemble les a mis dans le char de la Gloire.

Certaines gens se formaliserent de ce que j'avois comparé la gloire d'un Poëte à celle d'un Héros, & mis ensemble les noms d'un particulier & d'un Prince du Sang.

DES FOSSEZ, fils.

C'étoient, assurément, des gens d'un goût difficile, comme dit M. de Voltaire.

LE CHEVALIER.

A propos ! il me fouvient d'avoir lu, dans quelque Journal, une lettre à ce fujet, adreffée à M. de Voltaire, ou bien je me trompe fort.

DAMON.

Vous ne vous trompez point, Chevalier, elle fut inférée dans le Mercure.

DES FOSSEZ, pere.

Mefdames, un peu d'attention, s'il vous plaît ! ceci regarde le Héros de notre Fête.

ARAMINTE.

Je vous écoute de toutes mes oreilles.

CÉLIANTE.

Je vous prête l'attention la plus grande.

Mademoifelle DES FOSSEZ.

Mon Pere, parlez, je fuis difpofée à vous ouir.

DAMON *lit.*

LETTRE à M. DE VOLTAIRE, en fon Château de Ferney.

« Me feroit-il permis, Monfieur, de vous
» interrompre au milieu de vos fêtes & de vos
» triomphes. Une lettre du Gouverneur de
» la ville d'Andely va vous étourdir l'oreille,
» & fatiguer les yeux ; mais elle vous apprendra
» un trait qui vous fera cher, puifqu'il regarde
» le *grand Corneille.* Vous favez qu'il a époufé
» la Fille du Lieutenant-Général du Bailliage ;
» mais vous ignorez combien fa mémoire y
» eft refpectée ; les moindres habitans difent
» tous, avec fierté..... Voilà la maifon du
» *grand Corneille* ».

DES FOSSEZ, pere.

Votre anecdote, mon ami, pourra faire un jour époque dans l'Histoire de la Littérature Française.

DAMON.

Je n'en doute point. Permettez que j'acheve, mon ami.

O vous, Corneille de notre âge,
    Ami de l'humanité,
    Pere de la vérité :
Pour dire un Philosophe, un Sage,
Voltaire, désormais, par moi sera cité :
Voltaire ou Grand seront synonymes d'usage,
Admis, reçus, prouvés, sans cesse parmi nous
En dépit des pédants, des sots & des jaloux.

DES FOSSEZ, pere.

Monsieur Damon, vous savez un peu votre Voltaire par cœur ; ses expressions vous sont très-familieres.

ARAMINTE.

Sans doute que M. de Voltaire vous a fait une réponse ?

DAMON.

Oui, Madame ; la voici même :

RÉPONSE de M. DE VOLTAIRE.

« L'honneur que vous m'avez fait, Mon-
» sieur, de me choisir pour m'apprendre qu'il
» y a à Andely une maison où a logé le grand
» Oncle de Mademoiselle Corneille, que j'ai

» le bonheur d'avoir chez moi, & qui eſt
» très-bien mariée, exigeoit de moi une ré-
» ponſe plus prompte. Je vous prie d'excuſer
» un Vieillard malade, qui a preſque perdu
» la vue. Je n'en ſuis point moins ſenſible à
» votre attention ». [*Il ſalue & s'enva.*]

CÉLIANTE.

Et nous le ſommes à votre complaiſance.

SCENE XXII.

Les Acteurs précédents.

ARAMINTE.

ON ne pourra jamais imiter le ſtyle épiſ-
tolaire de ce grand homme.

Mademoiſelle DES FOSSEZ.

Je ne ſais pourquoi je trouve un plaiſir ſi
vif à la lecture de ſes Ouvrages.

DES FOSSEZ, fils.

Une jolie collection, ce ſeroit un recueil
de toutes ſes Lettres familières.

LE CHEVALIER.

Parbleu ! Monſieur mon Frere aîné, vous
me volez aujourd'hui toutes mes penſées :
pour cela je la revendique, & je l'ai fait
imprimer quelque part.

DES FOSSEZ, pere.

Soit. Mes enfants, pour vous mettre d'accord, je vais travailler à cette glorieuſe en-
trepriſe, & j'invite déjà les Gens de Lettres
à m'aider.

SCENE XXIII.

Les Acteurs précédents.

[De jeunes enfants de l'un & l'autre sexe, viennent former des danses analogues au sujet. Un petit Apollon lui met une couronne sur la tête. Un petit Amour lui donne son flambeau, & les trois Graces l'ornent d'une guirlande. [On danse.]

SCENE XXIV.

Les Acteurs précédents.

DES FOSSEZ, pere.

IL nous faudroit un petit Vaudeville pour terminer la fête.

LE CHEVALIER.

J'y ai prévu, mon Pere; voici plusieurs couplets. Si je ne craignois de vous fatiguer la poitrine, je vous prierois de les chanter.

CÉLIANTE.

Point du tout, mon Cousin : quoique délicate, je ne me suis jamais si bien porté qu'aujourd'hui. La joie est mon élément, vous le savez.

ARAMINTE.

Nous savons aussi que le nom seul de Voltaire vous met en train.

Mademoiselle DES FOSSEZ.

Votre voix même devient de plus en plus flexible.

VAUDEVILLE.

CÉLIANTE *chante le Vaudeville.*

I.

Qui possede les talents
D'émouvoir & de plaire,
Fait des Vers naïfs, coulants,
A soixante-dix-neuf ans.

LE CHEVALIER.

Allons, Mesdames, la main ; & faisons la
réponse tous en chœur :

Voltaire, Voltaire, Voltaire.

II.

Qui sur le Théâtre a mis
Maint nouveau caractere,
Toujours modeste & soumis
Sert ardemment ses amis.

[*Tous.*]

Voltaire, Voltaire, Voltaire.

III.

Qui daigne arrêter le bras
De la Justice austere ;
Le défenseur de Calas,
En prouvant même le cas

[*Tous.*]

Voltaire, Voltaire, Voltaire.

IV.

I V.

Qui goûte un charmant repos
Dans le sein de sa terre,
Quoiqu'en butte aux lourds propos
Des pédants & des cagots?
[*Tous.*]
Voltaire, Voltaire, Voltaire.

V.

Qui des justes condamnés
Se déclare le pere,
Fait encor des Imprimés
Qui par-tout sont estimés?
[*Tous.*]
Voltaire, Voltaire, Voltaire.

V I.

Qui va chercher la vertu
Au fort de la misere,
Reçoit l'homme mal vêtu
Dont l'esprit est abattu?
[*Tous.*]
Voltaire, Voltaire, Voltaire.

V I I.

Qui respecte le Public
Ainsi que le Parterre,
N'a point la langue d'aspic,
Redoute sur-tout le Hic?
[*Tous.*]
Voltaire, Voltaire, Voltaire.

H

VIII.

Qui reçoit dans son Château
L'art d'aimer, l'art de plaire,
Se montre toujours en beau
Sur les marches du tombeau ?

[*Tous.*]

Voltaire, Voltaire, Voltaire.

[*On danse.*]

SCENE XXIV.

Les Acteurs précédents.

DES FOSSEZ, pere.

EMBRASSEZ-MOI, mes fils ; & vous, ma fille,
aussi. Mesdames, recevez mes remerciements
& compliments pour M. de Voltaire.

ARAMINTE.

Mais, sans vous faire tort, nous l'aimons
autant que vous.

LE CHEVALIER.

Je le regarde comme mon petit Dieu Lare.

Mademoiselle DES FOSSEZ.

Et moi comme mon Génie tutélaire.

DES FOSSEZ, fils.

Allons, Mesdames, faites-lui vos adieux
par un impromptu.

CÉLIANTE.

Fort bien : l'idée est folle ; elle me plaît.

ARAMINTE.

Mesdames, travaillons.

Mademoiselle DES FOSSEZ.

Il est inutile de me le recommander : j'en donne l'exemple.

CÉLIANTE *écrit.*

« Illustre Citoyen, cultivateur habile,

Mademoiselle DES FOSSEZ.

» Columelle nouveau, Physicien utile ;

ARAMINTE *écrit.*

» Moderne Cicéron, Sophocle de nos jours ;
» De tes vils ennemis méprise les discours.

Mademoiselle DES FOSSEZ.

» Daignez, par cet essai, recevoir mon hommage ;

CÉLIANTE.

» C'est le tribut du cœur, il est fait pour le Sage.

DES FOSSEZ, fils.

Il me semble voir l'Albane, le Correge qui s'amusent à esquisser un dessin.

LE CHEVALIER.

Dites plutôt, mon Frere, ce sont les trois Graces qui font le portrait d'Apollon. Ne prenez cela pour un compliment au moins.

DES FOSSEZ pere.

Allons, ma Fille, déclamez ces vers, & terminons notre fête.

[*Mademoiselle des Fossez déclame les six vers.*]

[*Les jeunes enfants viennent danser.*]

H ij

SCENE XXV.

Les Acteurs précédents, UN LAQUAIS.

Le Chevalier, *ouvrant la Lettre.*

Mesdames, voilà la réponse des Comédiens. lisons.

« Rien n'est plus difficile que de faire l'apologie d'un grand Homme vivant. On peut mettre mal à son aise son amour-propre : rien n'est si délicat que l'amour-propre. Mais, ce qui est plus à considérer, on réveille, on irrite ces insectes acharnés contre tout ce qui a de la célébrité : ils s'animent, ils s'excitent, ils s'acharnent au combat ; & ne pouvant détruire le Dieu qu'on révere, au moins ils le couvrent d'opprobres, & poursuivent par le sarcasme injurieux, le Pretre qui l'adoroit. La mort seule, malheureusement pour l'humanité, impose le vrai sceau du mérite. C'est à ce moment fatal que les haines cessent : l'intérêt personnel qui n'a qu'une existence éphémere, vit & meurt avec les hommes qui en font l'objet ».

Des Fossez, pere.
Voilà qui est bien senti & bien rendu.

Le Chevalier *lit.*
Ce n'est pas tout. « Je crois qu'il faut attendre que ce grand homme n'existe plus,

pour lui donner des éloges, qui pour lors seront écoutés & sentis.

LES TROIS FEMMES *crient*.

O ciel! que cela n'arrive pas de si-tôt!

LE CHEVALIER *lit*.

Laissez-moi donc finir, Mesdames. « On ne peut qu'applaudir à l'Auteur. C'est l'ouvrage d'une ame honnête & sensible, qui voudra bien lui-même apprécier mes réflexions, & les juger avec ses amis éclairés ».

DES FOSSEZ, fils.

Voilà une réponse très-honnête. (*a*).

DES FOSSEZ pere.

C'est un refus qui vaut bien une acceptation. Console-toi, Chevalier.

SCENE XXVI.

Les Acteurs précédents, UN LAQUAIS
portant un bouquet d'Artifice.

DES FOSSEZ pere.

MESDAMES, voilà la derniere marque de reconnoissance & d'hommage envers le grand homme que nous célébrons.

CÉLIANTE.

C'est du dernier galant.

ARAMINTE.

Ce trait est ingénieux.

[*On tire l'Artifice.*]

(*a*) Cela prouve que les Comédiens ne sont pas toujours tels que certains Auteurs le prétendent. Ils ont toujours eu de très-beaux procédés vis-à-vis de moi, quoiqu'ils m'aient refusé déjà deux Comédies. *Tertia solvet.*

SCENE DERNIERE.

[*Si cette Piece eût été repréſentée.*]

Les Acteurs précédents.

Mademoiſelle H u s.   [*Au Parterre.*]

Air : *Si des Galants de la Ville.*

L'Auteur ſeroit téméraire
De vouloir un compliment ;
C'eſt le cœur d'un Militaire
Qui s'exprime en ce moment.
Avec un auſſi bon guide
On ne ſauroit s'égarer,
Et ſans l'eſprit d'un Ovide
On peut ſe faire admirer.

L'Auteur ſeroit, &c.

Nous faiſons une priere,
Ecoutez-la conſtamment ;
C'eſt en faveur de Voltaire
D'applaudir formellement.

L'Auteur ſeroit, &c.

Fin de la Cinquantaine.

NOTES INTÉRESSANTES.

SCENE PREMIERE.

DES Fossez, pere & fils. C'est le nom d'une Terre ; en Brie, Election de Montereau, Généralité de Paris. Je permets à tout Auteur comique, bon ou mauvais, de se servir de ce nom. Il est à remarquer que M. DE VOLTAIRE est le premier qui ait mis sur le Théâtre les noms de nos célebres Citoyens, tels que les *Lusignan*, *les Châtillon*, *les Montmorency*.

SCENE III, page 6.

Portez cette Lettre à la Comédie Française. Telle en étoit la teneur.

« La *Cinquantaine Dramatique*, de M. DE VOLTAIRE, semble devoir être représentée sur le Théâtre de la Nation : du moins est-ce le vœu des gens de Lettres, & des personnes du monde à qui j'ai lu ma Piece.

J'ai pour vous, Messieurs, toute l'estime qui est due à vos talents, &c. »

SCENE VI, page 15.

Qu'à faire des heureux. Français, Etrangers, Voisins, Vassaux, tout le monde éprouve les bienfaits de M. de VOLTAIRE. Dernièrement encore, un Fermier ruiné par un procès, reçut de ce grand homme deux mille écus pour acheter chevaux & harnois de labour. Je tiens cette anecdote de M. l'Abbé *Duvernet*.

Scene idem, page idem.

C'est lui qui a créé Ferney. La Terre de Ferney, où

M. DE VOLTAIRE a établi sa demeure, est devenue une Colonie florissante, dont il est le fondateur & le soutien. Il a fait rebâtir l'Eglise de sa Paroisse; on y lit cette inscription: DEO EREXIT VOLTAIRE. (Gal. Franc.)

SCENE VII, page 16.

La nouvelle Statue. Les Cordons bleus de la Littérature Française, se sont réunis pour faire élever, à leurs frais, une Statue en marbre de pieds de hauteur, que le célebre Pigal a été chargé d'exécuter. Les souscriptions ont été ouvertes à tout le monde. Il ne faut pas oublier que le Roi de Prusse a voulu payer une souscription, comme Homme de Lettres.

SCENE VIII, page 16.

Ne savez-vous pas que l'esprit est léger ? Ma Piece presque imprimée, j'apprends cette anecdote, & je me hâte d'en faire part au Public. Un jour, M. DE VOLTAIRE prenant la poste, ne voulut à sa chaise que deux chevaux. Le Postillon dit qu'il en falloit trois. Notre Poete s'obstine. Le Maître paroît, & demande ce que c'est. On lui dit que c'est un Monsieur qui ne veut que deux chevaux à sa chaise. Le Maître s'avance, reconnoît M. DE VOLTAIRE, & dit au Postillon: *marchez, c'est tout esprit, c'est léger.*

SCENE X, page 23.

Ils ont même donné deux pieces au lieu d'une. Cette année, les Comédiens Français donnerent la *Centénaire de Moliere*, Comédie, en un acte, en vers & en prose, ornée de couplets & de vaudevilles, par M.

Artaud.

Artaud. La seconde fut l'Assemblée, Comédie en un acte, en vers, suivie de l'Apothéose de Moliere, Ballet héroïque, par M. l'Abbé *de Schofnes.*

S C E N E X, page 24.

Il y va de leur honneur. Plusieurs partisans de mon Héros, que je ne puis nommer, mais gens de poids & de mérite, ont poussé le zele plus avant. Ils disoient hautement, dans le foyer & par le monde, que les Comédiens, ayant autant d'obligations à M. DE VOLTAIRE, ils ne pouvoient lui témoigner leur reconnoissance qu'en représentant la *Cinquantaine.* Ils ne l'ont point fait ; je ne fais pourquoi ; mais on la doit représenter fur différents Théâtres particuliers, & plusieurs Directeurs en donneront la représentation.

S C E N E X I.

N'avons-nous pas nos Domestiques. Mon intention étoit de faire habiller les valets de Théâtre de ma livrée, non par orgueil, mais par respect.

Le Parnaffe, fans doute, en portera le deuil.

Nous portons les deuils de Cour : pour qui ? Pour des personnes que nous ne connoiffons point. M. DE VOLTAIRE eft connu, aimé, eftimé de tout le monde ; à plus forte raifon doit-on cette marque à fa mémoire, fur tout les Gens de Lettres.

S C E N E X V I.

Ma Sœur habillée en Prêtreffe d'Apollon. Quant à

moi , je ne fuis point l'inventeur de l'idée de cette
fête , qui fut célébrée chez Mademoiſelle Clairon , en
Octobre 1772. Cette Actrice , habillée en Prêtreſſe
d'Apollon , poſa une Couronne de laurier ſur la tête
de mon Héros. Tout le monde ſait les vers que M.
DE VOLTAIRE lui a adreſſés à ce ſujet.

SCENE XVII.

Depuis quelque temps on nous inonde de Fables. On
peut appeller cette année l'année aux Fables ; je puis
me ſervir de cette expreſſion : car l'on dit l'année aux
pommes , l'année aux poires. En effet , outre que les
Journaux en regorgent , les Fables de M. Boiſſard ;
les Fables de M. Imbert ; les Fables de M. l'Abbé
le Monnier , les Fables de , &c. &c. &c. &c. &c. &c.
Ceindre ton noble front de myrthe & de laurier.
Quelques Anti-Voltairéiſtes m'accuſeront d'en-
thouſiaſme ; je répondrai que M. DE VOLTAIRE mérite bien ce témoignage éclatant de notre zele ; ſur-
tout depuis qu'un Auteur médiocre , dont à peine on
ſait le nom , a été couronné dans une ville de provin-
ce méridionale. Ecoutons parler l'Auteur du Porno-
graphe & du Mimographe.
Dans le Ménage pariſien , Hiſt. naïve , tom. 2 ,
Toulouſe. (Sœur Condigne de Baune).
« Je viens d'apprendre que M. SOTTENTOUT , y fut
» honorablement couronné lors de la repréſentation
» d'une Tragédie de ſa façon. A la fin de la Piece , la
» Genté Toulouſaine évoqua l'Auteur à cris redou-
» blés. Il vint à pas meſurés , pour flairer mieux l'en-

» cens qu'on lui prodiguoit. Il se baissoit pour faire
» son troisième & dernier salamalec, lorsque l'Actrice
» principale, qui s'avançoit en tapinois, tira de sous
» sa cotte une couronne de feuilles d'artichaud (com-
» me la feuille non piquante la plus approchante du
» chardon) & la lui mit sur la tête ; mais si mal adroi-
» tement, que la couronne, trop large, tomba sur
» la bouche du complimenteur, retenue qu'elle fût
» pas ses oreilles, & le brida comme un baudet. Sans
» se déconcerter, le bridé se débrida pour brider
» l'Actrice ; mais celle-ci, prompte à la riposte,
» rebrida l'Auteur, qui s'en alla bridé, au grand
» contentement de toute l'assistance ».

Eh! quoi! le sieur de R.... (j'ai failli dire son nom)
eh! quoi! M. SOTTENCOURT aura étécouronné en plein
théâtre, dans une grande ville du Royaume, lui
dis-je, qui a été joué dans la Soirée à la mode, lui
qui a tant de fois été berné, hué, sifflé ; & on refu-
seroit à un grand homme, à un génie supérieur, à
un Homere, à un Sophocle, cette marque d'estime
publique? Non, non, chers concitoyens ; n'avilissons pas
à ce point notre siecle, & songeons que dans l'autre
on se levoit au Théâtre, & l'on applaudissoit, quand
le *Grand Corneille* paroissoit.

C'est un refus qui vaut bien une acceptation.
L'EGOïSTE, Comédie en trois Actes & en vers ;
l'Examinateur s'exprimoit ainsi : « Je suis au désef-
poir, par l'estime que nous avons tous pour M. le
Chevalier du Coudray, de ne pouvoir approuver

fon Ouvrage: il n'eft point en état d'être lu, & je crois que le fujet ne lui permettra pas de le rendre meilleur ». Je m'interdis toute réflexion.

Je ne puis mieux finir que par cet aveu fincere de M. l'Abbé Duvernet, imprimé en 1773, fous le titre d'*Etrennes à* . . . . « On l'a vu (*M. de Voltaire*) recueillir les refte du fang des *Corneilles*; il a vengé *Calas* du fupplice de la roue; les *Sirven* lui doivent la vie & la fortune; l'honneur des *Montbaïlli* d'Arras eft fon ouvrage. Ses Vaffaux fe font enrichis par l'encouragement qu'il a donné à la population & à l'agriculture. Une colonie d'Artiftes s'eft établie par fes foins & fes générofités, autour de fon Château. Il combat aujourd'hui pour la liberté de quinze mille efclaves enfevelis fous les neiges éternelles du Mont-Jura. On ne peut lui refufer l'honneur d'avoir porté, dans les quatre parties du monde la vraie gloire de notre nation, tandis que des ambitieux n'y ont porté que leur fureur, leur cupidité & la dévaftation. *Pag.* 49 & 50.

Enfin, il vit au milieu de fes Terres, comme le meilleur des peres au milieu d'une famille nombreufe. Tels font les titres refpectables qui donnent à *M. de Voltaire* droit aux hommages du genre-humain : heureux d'avoir été le premier !

FIN.

9 782019 979164